THÈSE

POUR LA LICENCE.

PARIS,

TYPOGRAPHIE DE FIRMIN DIDOT FRÈRES,

IMPRIMEURS DE L'INSTITUT DE FRANCE,

RUE JACOB, N° 56.

—

1840.

THÈSE

POUR LA LICENCE.

Soutenue le lundi 4 mai 1840, à deux heures,

Par Alfred SIQUOT,

Né à Paris.

PRÉSIDENT, M. PELLAT, PROFESSEUR.

SUFFRAGANTS,

MM. DE PORTETS,
ROYER-COLLARD,
OUDOT,
DELZERS,

PROFESSEURS.

SUPPLÉANT.

PARIS,
TYPOGRAPHIE DE FIRMIN DIDOT FRÈRES,
RUE JACOB, 56.

1840.

FINIUM REGUNDORUM.

Dig., lib. X , tit. I, et tit. III , l. 19 et 22.

Actio finium regundorum inter eos qui confines fundos habent,
ut fines regantur comparata est.

Ex lege duodecim tabularum proficiscitur; ea enim lege, si cre-
damus Ciceroni, cavebatur ut tres finibus regundis addicerentur
arbitri. Intra quinque pedes, quos inter confines fundos vacuos re-
linqui oportet, æternam jubebat esse auctoritatem.

Actio finium regundorum in personam est, licet pro vindicatione
rei sit. Mixta etiam appellatur, quia in ea uterque litigatorum actor
simul habetur et reus. Rursus in institutionibus mixtam causam
habere dicitur, sed quonam sensu in controversiam adduci potest?

Hæc actio inter rustica, non inter urbana prædia, licet in agris
sint, locum habet; item competit inter duos fructuarios vel
fructuarium et proprietarium, vel inter eos qui jure pignoris
possident.

Ad officium judicis pertinet finium regundorum mensores mit-
tere, vetera monumenta et censum ante litem ordinatum investi-
gare, dummodo varietate successionum et possessorum arbitrio
fines non fuerint mutati; quoties non liquet judici confinium,
adjudicatione controversiam dirimere potest; eodem auxilio uten-
dum est si veterem amovere velit obscuritatem aut loci alicujus
controversiam scindere; quo casu is cui adjudicatur certa pecunia
condemnandus est.

Adjudicandi autem potestas judici proficiscitur ex quadam for-
mulæ parte, quæ propter hoc et ipsa adjudicatio vocatur et sic fere

concipitur : *Quantum adjudicari oportet, judex Titio adjudicato*. Quod autem isto judicio alicui adjudicatum fuerit, id statim ejus fit cui adjudicatum est.

Damnatio etiam fieri potest utilitatis nomine quam alter ex loco vicini percepit, aut fructuum quos post litem contestatam collegit, aut mercedis dimidiæ quæ mensori debetur. Sed et si quis jubente judice metiri agros passus non fuerit, aut arborem ædificiumve in fine positum non deposuerit, aut aliquid circa fines commiserit malitiose, eo nomine condemnabitur.

Arbor quæ in confinio est ad utrumque pertinet quamdiu cohæret fundo, sed cum eruta est pro indiviso fit communis; idem de lapide dicendum qui per utrumque fundum extenditur. Paries in utroque fundo ædificatus fit communis.

QUOD VI AUT CLAM.

Lib. XLIII, tit. XXIV.

Prætor occurrit calliditati eorum qui vi aut clam aliquid moliuntur restitutorii interdicti auxilio quo jubet quod vi aut clam factum est restituere. Ut hoc interdictum accommodetur multa concurrere oportet.

1° Ut opus vi aut clam factum sit : vi autem factum videtur si quis prohibitus aliquid fecerit; clam, si quis, cum controversiam haberet, habiturumve se putaret, fecerit. Recte aliquis prohibet etiam per servum aut procuratorem.

2° Ut in re soli opus sit factum et quod solo noceat. Non videtur autem in re soli factum quodcumque fit circa rem quæ solo non cohæret, quamvis ad fundum parata; item, si maturam sylvam cæduam cæcidit quis neque damno dominus affectus est, non tenetur interdicto. Cæterum nihil refert in quo loco opus factum sit, sive in suo, sive in alieno, sive in privato, sive in publico.

Interdictum hoc non solum prædii domino sed et his quorum opus interest factum non esse competit. Datur adversus eum qui fecit aut cujus jussu factum est aut etiam si ratum habuit. Si servus vi aut clam fecit citra jussum domini, interdictum non aliter in dominum ejus redditur.

Quum adversus eum qui vi aut clam fecit experimur, venit in interdictum ut tollatur opus si extat et damna ex eo opere data sarciantur. Si cum possessore operis experiamur citra cujus consensum factum est, tenetur ad hoc ut opus tolli patiatur, et si quas actiones habet adversus eum qui fecit, eas præstet.

Hoc interdictum non competit post annum ex quo opus perfectum est, nisi quis minor viginti quinque annis fuerit aut opus in loco factum fuerit qui facile adiri non potest.

Nonnullæ autem in hoc interdicto nocent exceptiones, veluti si concessum fuerit opus fieri, aut si is qui interdicto utitur vi aut clam fecerit.

DE ARBORIBUS CÆDENDIS.

Tit. XXVII.

Si arbor ædibus alienis impendeat, nisi dominus eam adimat, prætor permittit ei cui arbor officit ut si velit succidat eam, lignumque tollat.

Si arbor agro impendeat, tantum usque ad quindecim pedes, a terra potest coerceri.

DE GLANDE LEGENDA.

Tit. XXVIII.

Prætor vim fieri vetat, quominus tertio die legere et auferre alicui liceat glandem quæ ex ipsius agro in alienum cecidit.

DE LA PROPRIÉTÉ.

(C. Civ., art. 544, 546, 55..)

La propriété est le droit de jouir, d'user et de disposer des choses sous les restrictions établies par la loi.

Jouir d'une chose, c'est percevoir les produits de cette chose en se les appropriant. Lors même que la chose ne produit pas de fruits naturels, on en jouit en percevant les bénéfices pécuniaires que procure la location.

En disposer, c'est anéantir son droit, soit en le faisant passer à un autre par l'aliénation, soit en anéantissant la chose elle-même.

User, c'est retirer de la chose tous les services qui ne rentrent pas dans la jouissance ou la disposition.

La propriété est un droit réel que tout le monde est tenu de respecter, et que la loi garantit en donnant au propriétaire une action réelle appelée revendication (*rei vindicatio*).

La sécurité du propriétaire serait troublée si crainte lui venait d'être forcé d'abdiquer son droit, même en échange d'une valeur égale, mais de nature différente. Toutefois, ce principe doit se combiner avec celui qui donne pour gage aux créanciers les biens de leurs débiteurs; de plus, indépendamment de toute obligation, le propriétaire peut être contraint à céder la chose pour cause d'utilité publique. Cette exception, déjà énoncée dans l'art. 545 du Code civil, a reçu force de loi constitutionnelle par son insertion dans l'art. 9 de la Charte, qui exige que l'utilité publique soit constatée suivant les formes tracées par la loi. Il faut, à cet égard, recourir aux lois du 3o mars 183ı et du 7 juillet 1833.

Lois du 3o mars 183ı et du 7 juillet 1833 (moins le titre III), et du 21 mai 1836 (art. 15-19).

1° *Cas ordinaires* (*loi de 1833*).

Aux termes de la Charte, l'utilité publique doit être constatée suivant les formes établies par la loi. Ces formes consistent :

1° Dans un acte (loi ou ordonnance, suivant l'importance du cas) qui autorise l'exécution des travaux ;

2° Dans un arrêté du préfet qui désigne les territoires sur lesquels les travaux doivent avoir lieu ;

3° Dans un second arrêté qui détermine les biens à exproprier. Ce dernier arrêté doit être précédé de mesures propres à avertir les intéressés et à éclairer l'administration. Les propriétaires peuvent adresser leurs observations, soit à la mairie, où le plan des biens à exproprier reste déposé pendant huit jours, à dater de l'avertissement public à son de trompe ou par affiches et insertions dans les journaux, soit à une commission qui se réunit au chef-lieu d'arrondissement et doit donner son avis dans le mois. L'arrêté du préfet, pris à l'expiration des délais précédents, est transmis au procureur du roi, sur la réquisition duquel le tribunal prononce l'expropriation dans les trois jours. Les suites de ce jugement, relativement aux hypothèques et droits réels, sont exposées dans le titre III, dont nous n'avons pas à nous occuper. L'administration notifie ensuite aux intéressés l'indemnité qu'elle juge à propos de leur offrir. Si leurs prétentions sont plus élevées, il doit être procédé par un jury spécial au règlement de l'indemnité. Le conseil général désigne, à cet effet, dans sa session annuelle, sur les listes ordinaires du jury, trente-six à soixante-douze personnes par arrondissement. La cour royale ou le tribunal du chef-lieu extrait de ce premier choix seize jurés principaux et quatre supplémentaires.

L'administration et la partie adverse ont droit de faire deux récusations sans motifs, de manière à réduire les jurés à douze, nombre nécessaire pour qu'ils se constituent; du reste, la loi leur permet de délibérer au nombre de neuf. Leur décision est prise sans désemparer à la majorité des voix : elle fixe le montant de l'indemnité. Elle est déclarée exécutoire par le juge-commissaire chargé de diriger le jury, qui envoie l'administration en possession, à la charge d'acquitter préalablement le montant de l'indemnité, conformément à l'art. 9 de la Charte, qui veut que l'indemnité soit préalable au sacrifice. Les dépens sont supportés par les deux parties, si l'indemnité réglée par le jury est inférieure ou égale à l'offre de l'administration; par l'administration, si l'indemnité est égale ou supérieure à la demande des parties; par toutes deux, si l'indemnité est supérieure à l'offre et inférieure à la demande. Lorsque l'État réclame seulement le sacrifice d'une portion d'un bâtiment, il est obligé de l'acquérir en entier si le propriétaire le requiert. La règle est la même pour les fonds de terre, lorsque, par suite d'un morcellement, ils se trouvent réduits au quart et à une étendue moindre de dix ares.

Si l'exécution des travaux doit augmenter immédiatement la valeur de la partie non expropriée, on en tient compte dans l'évaluation de l'indemnité. Au contraire, on néglige d'y faire entrer les améliorations faites par le propriétaire dans des vues intéressées. Si les terrains expropriés ne reçoivent pas leur destination, l'ancien propriétaire peut en exiger la rétrocession moyennant un prix fixé à l'amiable, ou réglé, s'il n'y a pas accord, par le jury, mais qui ne peut jamais excéder le prix d'acquisition. Ce privilége doit être exercé dans les trois mois de l'avis donné par l'administration, et le prix payé un mois après qu'il a été fixé.

2° *Cas d'urgence (loi de* 1831).

Cette loi prévoit le cas où des travaux de fortifications exigent une expropriation, que l'urgence ne permet pas d'effectuer suivant les formes ordinaires. Après des opérations préalables effectuées dans le plus bref délai, le tribunal détermine une indemnité de déménagement, et, en outre, une indemnité approximative et provisionnelle qui doit être préalablement consignée, sauf réglement ultérieur et définitif. La même loi prévoit le cas où l'État n'a besoin que d'une occupation temporaire. Il suffit alors d'indemniser le propriétaire du dommage transitoire causé par la dépossession; toutefois, s'il n'est pas réintégré dans la troisième année, il peut exiger de l'État l'acquisition du terrain.

3° *Expropriation relative aux chemins vicinaux.* (*loi du* 21 *mai* 1836, *art.* 15-19).

L'indemnité due aux propriétaires que dépouille un arrêté du préfet, portant reconnaissance et fixation de la largeur d'un chemin, est réglée par le juge de paix. Dans le cas où l'expropriation résulte de l'ouverture d'un chemin ou de son redressement, l'indemnité est fixée par un jury spécial, composé de quatre personnes seulement; elle est déterminée par le conseil de préfecture, lorsqu'elle résulte d'extraction de matériaux ou d'une occupation temporaire. L'action en indemnité se prescrit par deux ans. Les propriétaires riverains d'un chemin vicinal abandonné peuvent en exiger la cession à dires d'experts.

Loi sur les mines, du 21 *avril* 1810. (*V. Code civil,* 552.)

La propriété du sol fait présumer celle du dessus et du dessous, quoiqu'elle puisse en être séparée ; et, en effet, le Code suppose, d'une part (art. 553), que la propriété d'un souterrain peut appartenir à un tiers; d'autre part (art. 664), que les différents étages d'une maison peuvent être la propriété de diverses personnes; auquel cas, elles doivent toutes concourir aux charges nécessaires aux réparations qui ont pour but l'intérêt commun, et supporter personnellement celles qui concernent chacune d'elles. Le propriétaire du sol peut faire dessous toutes les fouilles qu'il juge convenables, et en tirer toutes sortes de produits. Toutefois, ce principe, qui s'applique à l'exploitation des carrières à ciel ouvert, souffre dans l'intérêt général une modification en ce qui touche l'exploitation des mines et minières. Ainsi la concession d'une mine est faite par une ordonnance délibérée en conseil d'État, et peut avoir lieu au profit d'un autre que le propriétaire de la surface. Il est clair que ce dernier subit alors une expropriation partielle; il acquiert en échange un droit sur le produit, droit qui demeure frappé des hypothèques qui grevaient la surface; quant à la propriété de la mine, elle reste distincte de la propriété de la surface, alors même que toutes deux appartiennent à une seule personne : comme elle, elle est susceptible d'être hypothéquée. La loi l'affecte même par privilége au profit de ceux qui ont fourni des fonds pour la recherche de la mine, et pour les travaux d'exploitation et la confection des machines. L'inventeur qui n'obtient pas la concession, a droit à une indemnité de la part du concessionnaire. Il est bien entendu qu'on ne peut rechercher des mines sur le terrain d'autrui sans le consentement des propriétaires ou l'ordre du gouvernement, à charge d'indemnité préalable. Les propriétaires des mines sont assujétis envers l'État à lui payer une redevance.

Des servitudes naturelles et légales. (*Code civil,* 637-685.)

La propriété du dessus reçoit, comme celle du dessous, une

foule de modifications que le Code civil a exposées au titre des servitudes. Toutefois, on peut soutenir que ces modifications ne sont pas, à proprement parler, des servitudes; elles résultent en effet du droit commun de la propriété, et le propriétaire qui vou-drait s'en affranchir ne le pourrait qu'en obtenant la concession d'une véritable servitude.

Des servitudes qui dérivent de la situation des lieux.

Le propriétaire d'un fonds inférieur est assujéti, envers celui d'un fonds plus élevé, à recevoir les eaux qui en découlent natu-rellement. — Les règles relatives aux cours d'eau varient suivant la position des propriétaires par rapport à ces cours d'eau. Le pro-priétaire du fonds où se trouve la source peut en disposer, et par conséquent la combler ou la détourner, excepté dans le cas où l'eau est nécessaire aux habitants d'une commune, à la charge par eux de payer une indemnité (dérogation à l'art. 545). Il est clair, du reste, que le propriétaire du fonds inférieur, quel qu'il soit, peut acquérir, par titre ou prescription, le droit d'user de l'eau de la source, nonobstant l'opposition du propriétaire de la source. Seulement cette prescription ne pourra s'effectuer que par une jouissance continuée pendant trente ans, à partir de l'achèvement des travaux apparents qui facilitent la chute de l'eau. Le propriétaire du fonds que l'eau traverse peut la détourner dans l'intervalle qu'elle y parcourt, pourvu qu'il la rende à son cours ordinaire. Celui que l'eau borde peut s'en servir seulement pour l'irrigation.

Tout propriétaire peut contraindre son voisin au bornage de leurs propriétés contiguës; l'intérêt des deux propriétaires étant le même, les frais sont communs. — Le propriétaire peut clore son héritage, sauf à perdre son droit au parcours et à la vaine pâtue. Ces deux servitudes peuvent être établies par titre, mais il en existe

un certain nombre, fondées sur une possession immémoriale, qui
ont été maintenues par la loi des 28 septembre — 6 octobre 1791,
sur la police rurale. La section 4 du titre I⁰ˢ de cette loi règle
l'exercice de ces sortes de droits.

Des servitudes légales.

Mitoyenneté.

La mitoyenneté est une espèce de communauté; elle diffère de
la communauté, proprement dite, en ce que les droits des propriétaires ne reposent pas sur chaque molécule de la chose, mais sur
une partie divise, celle qui s'appuie sur les fonds, conformément
à la maxime : *Ædificium solo cedit.* (*Voy. fragm.* 19, *Dig. comm.*
divid., *et Pothier, société*, n⁰ 1998.) (L'étymologie du mot mitoyenneté vient de moi et toi; la *Coutume de Paris* disait mur *moitoyen.*)
Elle s'applique à toutes espèces de clôtures, murs, haies, fossés.
Les murs de clôture sont présumés mitoyens entre bâtiments,
jusqu'à l'héberge, entre enclos, cours et jardins, s'il n'y a titre ou
marque du contraire. Les deux voisins contribuent proportion-
nellement aux réparations, si mieux ils n'aiment abandonner la
mitoyenneté. Quoique en général un propriétaire ne puisse in-
nover malgré l'autre, l'un des voisins peut faire exhausser le mur
mitoyen, sauf à payer la construction et les réparations de la partie
exhaussée. Par dérogation à l'art. 545, le propriétaire d'un mur
non mitoyen peut exiger la vente de la mitoyenneté; on évite
ainsi de perdre inutilement du terrain. Dans les villes la clôture
est forcée dans un but d'embellissement et de sûreté. A l'égard des
fossés, la mitoyenneté se présume, si la terre n'a pas été rejetée
d'un seul côté : il en est de même de la haie, lorsqu'elle sépare
deux héritages qui sont tous deux en état de clôture. Il est bien
entendu que toutes ces présomptions tombent devant un titre ou
une possession suffisante.

A quelle distance du fonds voisin peut-on faire des actes de propriété ?

Plantations. On ne peut planter des arbres de haute tige qu'à la distance de deux mètres de la ligne séparative, et les autres arbres à cinq décimètres; on n'a pas voulu que l'ombre ni les racines pussent nuire au voisin.

Constructions. On doit observer en pareil cas les ouvrages intermédiaires, tels que les contre-murs. (*Voy. Coutume de Paris*, *art.* 188 *et* 192.)

Vues. On ne peut ouvrir des jours dans un mur de clôture mitoyen. Le maître d'un mur de clôture non mitoyen ne peut en pratiquer qu'à fer maillé et à verre dormant (*Coutume de Paris*, *art.* 20.), et à une hauteur déterminée. On ne peut avoir des vues ordinaires qu'à $1^m,9$ de distance; toutefois si elles sont obliques, il suffit de $0^m,6$.

Toits. Tout propriétaire doit les établir de manière que les eaux ne s'écoulent pas sur le fonds du voisin.

Droit du propriétaire enclavé.

Ce droit consiste à exiger des voisins, par dérogation à l'article 545 du Code civil, la cession, moyennant indemnité, d'un passage pour arriver à la voie publique, dérogation qui a pour but de rendre possible l'exploitation d'un fonds dépourvu de communications.

QUESTIONS.

I. Faut-il que les travaux de l'article 642 soient faits sur le fonds supérieur? Non.

II. Le propriétaire est-il le seul qui puisse provoquer le bornage? Non.

III. Devant quel juge de paix doit être portée l'action en bornage? Devant le juge de paix de la situation des lieux.

IV. Le voisin qui a abandonné la mitoyenneté peut-il rétracter cet abandon si l'autre ne répare le mur? Oui.

V. Peut-on, dans les villes et faubourgs, se dispenser de contribuer à la construction et à la réparation de la clôture par l'abandon de la mitoyenneté? Oui.

VI. Le voisin qui a fait exhausser le mur mitoyen peut-il pratiquer des jours dans la partie exhaussée? Oui.

VII. Le voisin qui exige la cession de la mitoyenneté peut-il faire boucher les jours antérieurement établis? Non.

VIII. La distance prescrite pour les vues doit-elle être observée entre des fonds que sépare un chemin public? Non.

IX. Les juges peuvent-ils refuser de prononcer l'expropriation lorsque les travaux qui devaient être autorisés par une loi l'ont été par une simple ordonnance? Oui.

X. En cas d'expropriation urgente, pour cause de fortifications, l'indemnité provisoire doit-elle être fixée par le tribunal? Oui.

XI. L'usufruitier a-t-il droit de jouir de la redevance qui représente la propriété d'une mine, quand l'exploitation a été commencée pendant l'usufruit par ordre du gouvernement? Non.

XII. Si le droit de parcours ou de vaine pâture est établi par un titre, peut-on s'y soustraire par la clôture? Non.

TYPOGRAPHIE DE FIRMIN DIDOT FRÈRES,
IMPRIMEURS DE L'INSTITUT, RUE JACOB, 56.

9 782014 054156